AS-TU VU MON CHAT?

Martin Oliver Sami Sweeten

Texte français de
Christiane Duchesne

Les éditions Scholastic

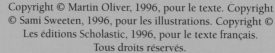

Données de catalogage avant publication (Canada)
disponibles

ISBN 0-590-16016-8

Titre original: You should see my cat

Pour tout renseignement concernant les droits, s'adresser à
Scholastic Children's Books, Commonwealth House,
1-19 New Oxford Street, London, WC1A 1NU, UK.

Édition publiée par Les éditions Scholastic,
123, Newkirk Road, Richmond Hill
(Ontario) Canada L4C 3G5

4 3 2 1   Imprimé à Hong-Kong   6 7 8 9/9

Bonjour, je m'appelle Clara et voici mon chat Léo. Il est très gentil et il aime bien les autres animaux. Il passe le plus clair de son temps à manger et à dormir, et il adore se promener dans le panier de ma bicyclette, sauf s'il a envie de faire autre chose.

Nous avons un plaisir fou. Suis-nous, tu verras bien! Chaque fois que nous allons quelque part, il nous arrive des tas de choses étonnantes. Si tu ouvres l'oeil, tu sauras tout sur nous.

Le jouet préféré de Léo, c'est une souris mécanique rose. Elle est cachée dans chacune des illustrations. Cherche bien, elle n'est pas toujours facile à trouver.

Je me réveille et je tire les rideaux. J'ai une faim de loup! J'attends toujours le petit déjeuner avec impatience. Léo aussi... Il fait le tour du quartier pour dénicher une gâterie, mais il ne va que chez ceux qui l'aiment bien. **Quelles maisons a-t-il visitées?**

Après le petit déjeuner, j'enfourche ma bicyclette et je pars à la recherche de Léo. Je sais bien qu'il doit s'être endormi quelque part, mais où? Ce n'est pas facile de trouver un chat qui dort.
Aide-moi à trouver l'endroit où il fait sa sieste…

Léo saute dans le panier de ma bicyclette et nous descendons au port. Incapable de résister, Léo part à l'aventure. Le port est l'un des endroits qu'il préfère. **Et pourquoi donc, penses-tu?**

J'ai bien du mal à rattraper Léo, mais nous sortons finalement du port. Je m'arrête un moment au bord de la rivière et Léo en profite pour s'éclipser. **Tu le vois faire le pirate?**

THÉÂTRE PAMÉLA

PAMÉLA

Nous laissons les bateaux à regret et nous filons en ville. Léo sait très bien où il veut aller. Il entre dans le musée au pas de course. **Devine quel est son secteur préféré?**

Léo décide ensuite de quitter le musée et je le suis. Dehors, il fait frais. J'ai cru que mon écharpe allait me tenir chaud… mais non! **Tu vois pourquoi?**

MILLE ET UN SPAGHETTI

Je ramasse les restes de mon écharpe et je pars à la recherche de Léo. En tournant le coin de rue, j'arrive en pleine parade et, là, je le vois! **Mon dieu! Il s'envole!**

SOUPE

THÉÂTRE DE L'ARC-EN-CIEL

L'HÔTEL

C'était toute une parade, mais au moment où elle finit de passer, Léo a disparu. Je décide de rentrer à la maison. Sur le chemin du retour, j'aperçois Léo avec sa bande d'amis. Ses meilleurs amis s'appellent Ivoire, Tire-Bouchon, Le Tigre et Domino. **Tu les vois?**

Je poursuis mon chemin, car il est presque l'heure de dîner. Léo va rentrer de son côté… Tout à coup, j'entends des aboiements. Mais je n'ai aucune inquiétude. Léo sait éviter les chiens. **Essaie de trouver sa route sécuritaire.**

Après diner, je fais un peu de dessin pendant que Léo se repose.
Il dort encore quand je vais à la cuisine chercher d'autres crayons.

Quand je reviens, il n'est plus là. Il a emporté toutes sortes de choses avec lui. **Qu'est-ce qu'il a pris?**

Pourquoi Léo est-il sorti par un si mauvais temps? J'attrape
mon imperméable et mon parapluie, et je pars à ses trousses.
Courant dans les flaques de boue, je le suis jusqu'au parc.
Où se dirige-t-il?

J'ai un peu peur d'entrer dans le vieux moulin. Je pousse la porte qui grince, j'entre et je vois tout ce qu'il a pris à la maison. Alors, je souris. **Tu comprends pourquoi?**

Grâce à Léo, tous les animaux sont au chaud et au sec, et nous nous amusons ensemble dans le vieux moulin. Quand la pluie cesse, maman arrive et nous ramène à la maison. Nous disons au revoir à tout le monde et nous promettons de revenir demain.

J'espère que vous avez compris pourquoi je dis que Léo est un chat extraordinaire. **Si vous avez aimé mes aventures avec Léo, attendez de voir le plaisir que j'ai avec ma mère...**

As-tu trouvé... ?

pages 4,5

Léo visite ces trois maisons-ci.

Voici Léo.

La souris
de Léo est ici.

As-tu vu?

Une plante renversée
Le facteur poursuivi
Une fontaine en forme de poisson
Une cheminée qu'on ramone
Un crocodile

pages 6,7

C'est ici que
Léo dort.

La souris est ici.

As-tu vu?

Clara
Un train
Des écureuils
Une taupe
Une souris géante

pages 8,9

Voici sa souris.

Léo attrape un
poisson : c'est
pour ça qu'il aime
le port.

As-tu vu?

Clara
Un ballon en forme de chat
Un marin qui a le mal de mer
Un chat qui pêche
Un kayak

Léo est monté sur ce bateau-ci.

Sa souris est ici.

As-tu vu?

Clara
Un pingouin égaré
Une baignoire
Une tente mal montée
Un skieur nautique qui éclabousse

pages 12,13

C'est ici qu'il a caché sa souris.

Léo se cache dans le secteur égyptien.

As-tu vu?

Clara
Un voleur de tableaux
Des oeufs de dinosaure
Une momie qui défait ses bandelettes
Un homme qui se fait piquer par un javelot

pages 14,15

L'écharpe de Clara s'est détricotée. En suivant la laine, tu trouveras Léo.

Sa souris est ici.

As-tu vu?

Un garçon en rouli-roulant
Un gâteau d'anniversaire
Une très longue écharpe
Un ballon
Un mobile avec des poissons

pages 16, 17

Léo a caché sa souris ici.

Léo s'envole sur le balai.

As-tu vu?

Clara
Un faux cheval
Des grosses chauves-souris
Un tambour brisé
Un chat qui chante

pages 18,19

Léo est ici.

Voici Ivoire, à la fourrure toute blanche.

Puis Le Tigre, le chat à rayures.

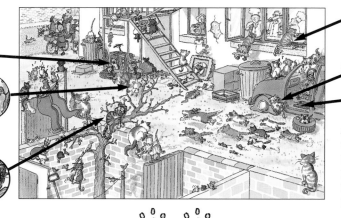

Tire-Bouchon, on comprend pourquoi!

Et Domino, à cause de ses taches.

La souris rose de Léo est ici, dessous.

As-tu vu?
Clara
Un chat voleur
Un poisson rouge inquiet
Une boîte à surprise
Des souris qui chassent un chat

pages 20,21

Léo est ici.

Le chemin sécuritaire de Léo est indiqué en noir.

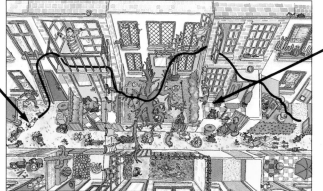

Sa souris est là.

As-tu vu?

Un serpent à sonnette
Un cuisinier
Un chaussure qui sent mauvais
Un vautour
Un cadran solaire

pages 22,23

Si tu examines bien les illustrations, tu verras que Léo a pris un carton de lait, des bols, un chandail, un coussin, une boîte de pastilles, le panier à tricot et les balles de laine, sa couverture, son panier et la petite voiture.

Léo a changé certains objets de place : où a-t-il mis l'appuie-livres en forme de sphinx, la vidéocassette, la bouteille et sa souris mécanique?

pages 24, 25

Léo court vers le moulin.

Sa souris est ici.

As-tu vu?
Clara
Des enfants qui s'éclaboussent
Des animaux trempés et glacés
Un cerf-volant
Un plongeur

pages 25,27

Léo est ici, il aide les animaux.

Vois-tu les objets qu'il a pris chez Clara? Ils sont entourés de noir.

Une souris jouet se cache ici.

As-tu vu?
Clara
Un gentil fantôme
Un écureuil acrobate
Un arrosoir
Une souris sur une selle

page 28

La maman de Clara est ici.

Elle attend Clara et Léo pour les ramener en moto.